www.ingramcontent.com/pod-product-compliance
Lightning Source LLC
Chambersburg PA
CBHW071301050326
40690CB00011B/2491
* 9 7 8 1 7 2 4 6 2 4 6 0 4 *